PIT VOGT

Texte

EIN CLOWN

Idee, Design & Layout: P i T

Alle Texte sind frei erfunden

Impressum

Herstellung und Verlag:
BoD - Books on Demand GmbH, Norderstedt
ISBN 978-3-7481-1227-3

© 2018

Der Blinde

Er sah mich an und sah mich nicht
Er sah mir mitten ins Gesicht
Ich spürte seinen Blick, der stumm
In seiner Welt
Auf Ammerum

Ich dacht mir oft: *Ach, der ist blind*
Doch wusste er, wo wir gerad sind
Er kannte sich hier bestens aus
In diesem fremden – seinem Haus

„Schließ deine Augen", rief er laut
Ich tat's und nichts war mehr vertraut
Ich stolperte und fiel auch hin
Er lachte laut
Das machte Sinn

Tagtäglich dunkel, wenn es hell
Tagtäglich langsam
Nie mehr schnell
Er wusste, wie's mal früher war
Er war erst zweiundvierzig Jahr

Ich hielt ihn fest, wenn er schon fiel
Für mich wars leicht
Für ihn kein Spiel
Und einmal hielt er meine Hand
Ich hatte seine Angst erkannt

So zwischen Nacht
Und wieder Nacht
Hab ich ihn auch ins Bett gebracht
Er schloss die Augen, weinte leis
Und fluchte über all den Scheiß

Für mich wars dunkel, Nacht und Traum
Er träumte nicht
Und schlief wohl kaum
Am nächsten Morgen war er wach
Und freute sich auf jenen Tag

Oft stand im Regen er allein:
Die Tropfen fühlen, die wie Wein
Er legte sich in manchen Wind
Und sang und sprach, er sei ein Kind

Wenn draußen dann die Sonne stach
Schien er wie tot
Schien er halbwach
Dann schrie er in den Sommertag
Er läge schon im Totensarg

Ich fragte mich so dann und wann
Wer ist hier schwach
Wer stark sodann
Er war mehr Mensch als ich´s je war
Sein Sinn viel klarer noch
Als klar

Und plötzlich sah auch ich den Tag
Wie ich ihn nie gesehen hab
Wie Wolken flohen vor dem Mond
Wie Wind das Feld pflügt, das aus Mohn

Wir schwiegen oft von früh bis Nacht
Doch wussten wir,
Wer weint,
Wer lacht
Wenn man nichts sieht, dann fühlt man viel
Die Zwischenräume
Start und Ziel

So wie manch´ Farbe er erklärt
War mir einst fremd
Fast wie versperrt
Das Blau, das Rot – ich sah´s ganz neu
Er lachte nur
Und ich ward scheu

Wir sprachen über dies und das
Die Zeit verging
Sie machte Spaß
Und irgendwann, da war sie um
Ich musste fort von *Ammerum*

Er meinte noch, er käme klar
Er war zwar blind, nicht in Gefahr
Die Vögel sprachen dann zu ihm
Und brachten ihm den Lebenssinn

Er sah mich an
Und sah mich nicht
Er sah mir mitten ins Gesicht
Ich fühlte seinen wachen Blick
Ich denk sehr oft an ihn zurück

Psychosen

Geister über Wald und Wiese
Dunkle Wolken ziehen schnell
Mancher Traum
Stark wie ein Riese
Und es wird partout nicht hell

Plötzlich tönt ein Schuss vom Bache
Irgendjemand ruft und schreit
Ist dies eine letzte Rache
Ist das Böse nicht mehr weit

Nebel wabert vor dem Winde
Und ein Schatten fliegt ums Haus
An des Baumes spröder Rinde
Nagt als Irrlicht eine Maus

Irgendwann wird's ziemlich helle
Schatten, Riesen – *alles fort*
Ja, der Morgen zeigt sich schnelle
Alles wird zum schönsten Ort

Doch das Schöne wird bald weichen
Denn es bleibt nicht Tag, *nicht hell*
Wenn des nachts Dämonen schleichen
Kriecht die Schwärze um, *ganz schnell*

Mancher Schrei zerreißt die Stille
Panikgeister überall
Wechselspiel der Angstgefühle
Bis zum letzten *Donnerknall*

Veränderung

Im Spiegel eines Abends da
Glaubte ich nicht, was ich sah
Zwei dicke Tränen auf den Wangen
Nach einem Tag, dem schweren, langen

Ich dachte an das ferne Glück
Das fort war, eh ich´s sah verzückt
Es floh tagtäglich aus dem Leben
Es wollt nicht bleiben
Es wollt gehen

Stets fragte ich, wieso´s so ging
Warum so schief der Lebenssinn
Doch nie gabs Antwort auf die Fragen
Und alles blieb an allen Tagen

Ich machte sauber, Essen, Bett
Der Tag verging mal gut, mal nett
Doch fehlten da zwei fremde Hände
Die mir gezeigt, was ich noch fände

So oft sah ich manch´ fremdes Glück
Und sah mein Pech, mein Missgeschick
Dann bin ich schnell davongegangen
Weil deren Glück ich nicht ertragen

In einer Kirche irgendwann
Sah lieb ein Engelchen mich an
Es schien mir wohl recht klug zu sagen
Ich sollt es jetzt und endlich wagen

Da fuhr in mich hinein ein Blitz
Es zuckte überall – *kein Witz*
Er stieß mich um, wie auch mein Leben
Nie mehr sollt ich an Altem kleben

Und plötzlich ward so vieles klar
Es sollt nicht sein wie es mal war
Ich sollt vielmehr was anders machen
Ich sollt was tun
Sollt endlich lachen

Ach ja, es fanden mich zwei Hände
Die stießen ein die grauen Wände
Und diesmal wars kein böser Trick
Es blieb bei mir
Das große Glück

Verwirrt

Eine düster schwarze Nacht
Hab an dich
An nichts gedacht
Ganz allein starr ich zum Fenster
Ach, es tanzen manch´ Gespenster

Formen balde dein Gesicht
Jenseitig vom Mondeslicht
Und du lacht und singst und tanzt
Und ich schweig
Und hab nur Angst

Mancher Soul um Mitternacht
Hat mich um den Schlaf gebracht
Du bist da
Es ist ein Traum
Du bist hier
Ich glaub es kaum

Alle Angst weicht wildem Glück
Alle Nacht weicht jetzt ein Stück
Quer durchs Zimmer fliegen Küsse
Quer durchs Herz
Millionen Risse

Ein Gewitter bricht den Ort
Nur ein Blitz
Dann bist du fort
Starr verwirrt durchs schwarze Fenster
Da ist nichts
Nicht mal Gespenster

Bald schon ist die Nacht vorbei
Es beginnt ein Tag ganz neu
Auf dem Handy lautes Piepen
Alles top
Du hast geschrieben

Kein Autor

Er war wohl ein dummes Schaf
Ach, er nickte immer brav
Wollte Autor sein und schrieb
Was er schrieb jedoch war trüb

Seine Bücher wurden Filme
Ziemlich üble
Ziemlich schlimme
Denn er war partout nicht gut
Denn ihm fehlte Schreiber-Blut

Oft hat er geprahlt recht dümmlich
Seine Bücher – *wenig rühmlich*
Steckte schnell Millionen ein
Doch er blieb ein armes Schwein

Und so fühlte er sich schwächlich
Bücher, Filme, alles grässlich
Schnell zum Bestseller gemacht
Ward als Nichts er ausgelacht

Ganz am End blieb er ein Spinner
Dieser Bestseller-Gewinner
Alles Mist und billig, schlecht
Ein Emporkömmling – *nicht echt*

Er blieb stets ein dummes Schaf
Ja, er nickte immer brav
Von manch´ Medien hochgepuscht
Konnte er doch nichts, nur
Pfusch

Burnout

Manchmal stürzt in diesen Zeiten
Alles durcheinander wohl
Musst du gehen
Kannst du bleiben
In dir quellen *Ängstlichkeiten*
Schwer dein Tag
Manch' Traum ward hohl

Zitternd frierst du vor der Klinik
Vor den Scherben deiner selbst
Schwammig-scharf jetzt deine Mimik
Jedes Jahr die Psycho-Klinik
Weil du wie ein Laubbaum welkst

Schief ging alles, was du bautest
Es fiel ein und ging kaputt
Gott blieb fern, zu dem du schautest
Manch' Gebet von dir, *manch' lautes*
Längst zerfiels zu Dreck und Schutt

Niemand blieb an deiner Seite
Deine Hoffnung schwindet, stirbt
Und dein Blick flieht in die Weite
Spröde fast, wie weiße Kreide
Kratzt die Seele und erfriert

Schweißgebadet, angstgesteuert
Zitterst du dich in dein Bett
Drohend, irreal befeuert
Findest du dich arg bescheuert
Selbst die Atemluft bleibt weg

Nur die Schwester kennt dein Leiden
Kennt dein Auf, dein Ab, *dein Zwirn*
Und sie weiß, du wirst lang bleiben
Ängste sind schwer zu vertreiben
Panik klebt sich tief ins Hirn

Sechs Tabletten bringen Kühle
Bringen Trägheit auch und Schlaf
Bis beginnt die stetig´ Mühle
Morgen früh
Dann fehlt die Kühle
Depressionen sind nicht brav

Du musst lernen, neu zu leben
Es wird schwer, es wird nicht leicht
Hast dir selbst noch was zu geben
Mit der Krankheit weiterleben
Bis es für ein Lachen reicht

Aus den Ängsten, die noch unken
Hilft die Klinik dir ein Stück
Auch wenn du jetzt noch versunken
In der Panik, unumwunden
Findest du *vielleicht* zurück

Manchmal geht's in jenen Zeiten
Nicht mehr glatt
Dann fällst du tief
Lass von Krankheit dich nicht treiben
Denn du darfst nicht so viel leiden
Weils ganz plötzlich anders lief

Schau, so viele sind betroffen
Diese Klinik ist kein Knast
Lerne leben
Lerne hoffen
Halt dein Herze ganz weit offen
Denn du hast noch nichts verpasst

Depressionen machen mürbe
Nicht perfekt sein, das macht schwach
Panik, Ängste – *fern der Würde*
Kraftvoll schlägst du diese Bürde
Ja, du schaffst es
Du bist wach

Der Terrorist

Er war ein ganz normaler Mann
In blauen Jeans und weißem Hemd
Gern sah er sich Museen an
Der ganz normale nette Mann
Ihm war´s egal, ob man ihn kennt

Er hatte Arbeit, irgendwo
Mit seinem Geld kam er gut aus
Er war für alles, einfach so
War traurig manchmal, öfters froh
Er lebte in ´nem schönen Haus

Doch irgendwann schien alles trüb
Manch Langeweile schlich sich ein
Das, was ihm einstmals gut und lieb
Schien plötzlich schlecht, total verglüht
Er wollte richtig böse sein

So vieles sah er im TV
Manch Mörderclique fand er toll
Er war nicht dumm und auch nicht schlau
Doch, was er wollt, wusste er genau
Er hatte längst die Schnauze voll

Denn all der öde Biederkram
Mit Haus und Auto, Frau und Kind
Das alles kotzte ihn längst an
Nie mehr ein artig, braver Mann
Er wollt dorthin, wo Kriege sind

So zog er fort aus seiner Stadt
Ins ferne Land, *zum Mörderclan*
Das Leben hatte er so satt
Er wollte stark sein und nicht matt
Und kam bald in der Ferne an

Dort freute man sich wirklich sehr
Ein neuer Kämpfer – *oh wie fein*
Er kam so arglos, stark daher
Ihm fiel der Wechsel gar nicht schwer
Aus seinem Herz doch ward ein Stein

Man gab ihm ein Gewehr sodann
Und Sprengstoff für den großen Knall
Er war einst ein normaler Mann
Der sah sich gern Museen an
Doch ändert sich´s so Fall auf Fall

Man schickte ihn flugs wieder fort
Zum Menschentöten für den Sieg
Er flog nach Haus, zum Heimatort
Mit reichlich Sprengstoff – *wie ein Sport*
Von dem am *End* nichts übrig blieb

In seiner Stadt, wo er mal froh
Sollt er nun morden voller Spaß
Er war für alles, einfach so
War er nun glücklich oder froh
War wirklich da nur Wut und Hass

Er setzte sich ins Kino dann
Die Leute kamen, lachten laut
Er war doch ein normaler Mann
Er sollte töten, jetzt, nicht dann
Er spürte seine Gänsehaut

Und er zog schnell am Sprengstoff-Gurt
Gleich kracht es laut mit Feuerball
Doch schien wohl irgendwas verzurrt
Ein Blitz zerriss den Todes-Gurt
Und traf ihn selbst mit vollem Drall

Er sackte weg
Der Tod kam schnell
Die Menschen rannten ängstlich raus
Im Kino ward es wieder hell
Sein Ende kam wohl ziemlich schnell
Sieht so ein Heldensterben aus

Er war ein ganz normaler Mann
In blauen Jeans
Mit weißem Hemd
Er wollte stark sein, *irgendwann*
Er sollte töten, jetzt, nicht dann
Er schaffte, dass ihn jeder kennt

Er

Er ging den weiten Weg hinaus
Es war ein neblig trüber Tag
Der Morgen sah wie jeder aus
Da ging er fort von seinem Haus
Sein Blick, so starr und ohne Frag

Ein Regenschauer zog ins Land
Hier draußen, wo sonst keiner lebt
Er hat die Fotos längst verbrannt
Nur Einsamkeit lag überm Land
Für seinen Traum war's längst zu spät

Sein Leben ließ er weit zurück,
in diesem Haus, am stillen Wald
Er suchte nicht mehr nach dem Glück
Und ließ die Hoffnung weit zurück
Und war erst fünfzig Jahre alt

Vor vierzehn Tagen war's genau,
als er hier seinen Sohn verlor
Und wenig später starb die Frau
Es war wohl hier – ja, ja, genau
Als seine Seele starb, erfror

Bis dahin schien das Leben gut
Karriere, Geld, ein Haus, ein Boot
Doch irgendwann verlosch die Glut
Mit der Familie liefs nicht gut
Und plötzlich waren alle tot

Er setzte sich auf einen Stein,
hier draußen, auf dem weiten Feld
Warum nur musste das so sein
Am Schluss ein Kilometerstein
Am Ende hilft nicht Gut, nicht Geld

Noch einmal raffte er sich auf
Noch zwei, drei Schritt – irgendwohin
Was für ein allerletzter Lauf
Warum rafft man sich immer auf
Und wo liegt aller Lebenssinn

Es wurde Nacht und er blieb stehn
Ein Blitzschlag nahm ihn mit sich fort
Er konnte nicht mehr weiter gehn
Er blieb nur einfach wortlos stehn
An diesem trüben schlimmen Ort

Geblieben ist ein Häuflein Staub,
das trieb in die Unendlichkeit
Ein Blitzschlag traf
Es war nicht laut
Von manchem Leben bleibt nur Staub
in einer schwarzen Dunkelheit

Sein Haus ist fort, es steht nicht mehr
Man riss es ab vor kurzer Zeit
Und nur die Steine wiegen schwer
Sein Haus, sein Leben gibt's nicht mehr
Was ist's, dass nach uns übrigbleibt

Fort

Verrückte Stadt
Verhallt mein Schrei nach Liebe
Die Menschen hier, die geben mir nichts mehr
Ich zieh davon,
in aller Herrgottsfrühe
zum fernen Ort
Der Abschied fällt nicht schwer

Am schroffen Berg,
ein Schneesturm schlägt ins Auge,
bau ich ein Zelt
Ein Bär streicht nah vorbei
Ich atme tief
Wohin ich immer schaue,
wacht Einsamkeit
Sie ist mir einerlei

Die Nacht beginnt
und Kälte zieht ins Herze
Und Sehnsucht sinnt
nach einem andern Du
Ich ess mein Brot
Mich wärmt nur eine Kerze
Doch irgendwie
komm ich wohl nicht zur Ruh

Mein Licht verlischt
Die Müdigkeit erdrückt mich
an jenem Berg
Der Sturm zog lang vorbei
Gedankenflug
Der Mond scheint unerbittlich
ins Zelt hinein
und leckt die Seele frei

Aus meinem Traum
entsteigt ein fremdes Wesen
So wunderschön
Und mir wird's langsam warm
Mir ist's,
als sei es immer hier gewesen
Ich spüre Glück
Vorbei der alte Gram

Doch bleibt nur kurz
dies sagenhafte Wunder
Es flieht die Nacht
Und fliehen will mein Traum
Er schien so nah
Nie war ein Märchen bunter
Doch blieb in meiner Seel
am Ende doch nur Schaum

Ein neuer Tag
holt mich aus meinem Schlummer
Der Berg ruht stumm
Ich kriech aus meinem Zelt
Die Einsamkeit bringt
Trauer, Tränen, Kummer
Und ich brech auf,
zieh wieder in die Welt

Verweht die Nacht,
zerfallen mit den Träumen
Jenseits Bergs
erkenn ich plötzlich *Dich*
Und meine Spur verweht
schon zwischen kahlen Bäumen
Dort hinterm Berg,
da küss ich Dein Gesicht

Die Angestellte

Es war ein Morgen, irgendwann
Der Kaffee schmeckte schlecht, so schlecht
Noch schnell ein Küsschen für den Mann
An diesem Morgen, irgendwann
Sie macht' es allen immer recht

An jenem Tag, als Regen fiel,
War's trübe noch und seltsam lau
Ihr Job war hart, kein leichtes Spiel
Der Tag war grau und Regen fiel
Sie war 'ne starke schwache Frau

Sie sah das Elend vis-à-vis
Und mancher Fall wog tonnenschwer
Sie hielt es durch, wohl irgendwie
Sie sah manch' Trauer vis-à-vis
Doch auch sie selbst schien müd und leer

Vorm Spiegel in der Pause dann,
Da sah sie sich und weinte leis
Ein Handyklingeln – *wohl der Mann*
Vorm Spiegel jetzt – *minutenlang*
Und irgendwo zerschmolz das Eis

Was, wenn sie einfach wortlos ging
Dorthin, wo alles Glück vielleicht
Dorthin, wo aller Segen hing
Wer fragt, wenn sie jetzt einfach ging
Ob's für das Leben dann noch reicht

Sie schloss die Augen, hielt sich fest
Sie wankte hin und wieder her
Was, wenn man sich mal treiben lässt
Sie hielt am Waschbecken sich fest
Im Leben geht so manches quer

Was für ein schöner ferner Traum
Sie wischte sich die Tränen fort
Mit Seife und mit reichlich Schaum
Wusch sie sich ab, den großen Traum
Man rief nach ihr, mit lautem Wort

Und lächelnd lief sie schnell zurück
Ein neuer Kunde wollte Rat
Wo liegt des Lebens größtes Glück
Sie lief nur ins Büro zurück
Und tat, was sie sonst immer tat

Sie sagte „Ja"
Sie sagte „Nein"
Der Arbeitstag ging schnell vorbei
So musste es wohl immer sein
Ein Leben zwischen Ja und Nein
Ihr Mann kam heim
So gegen 3

Der Taxifahrer

Es hat geregnet, stundenlang
Er sah durchs Fenster auf die Straß´
Die Nacht verging minutenlang
Und er fuhr Taxi – *stundenlang*
Der Asphalt glänzte regennass

Manch Träume kamen in ihm hoch
Was wäre, wenn es anders wär
Wenn er mal käm aus diesem Loch
Die Hoffnung war da immer noch
Wär dann dies Leben nicht mehr schwer

Ganz einfach weg sein – irgendwo
Und fliehen aus dem Alltagstrott
Dorthin, wo alle Menschen froh
Ganz neu beginnen – einfach so
Sein Taxi war doch eh nur Schrott

Die Frau, die Kinder – *Spießigkeit*
Und irgendwann ein kleines Haus
Und irgendwann Verdrießlichkeit
Und sterben an der Müßigkeit
Das hält doch keiner ewig aus

Ganz leise schlich er sich davon
Hinaus, wo kühl der Regen fiel
Die Nacht empfing ihn ohne Hohn
Er sah zum Haus, zu Frau und Sohn
Die ahnten nichts von seinem Ziel

Und er fuhr los, ins ferne Nichts
Der Regen wusch die Straßen frei
Er schien so fern des hellen Lichts
Die Nacht schluckt alles oder nichts
Und mancher Traum bricht da entzwei

Er war gefahren stundenlang
Längst lag die Stadt schwarz hinter ihm
Die Zeit verging wohl ewig lang
Und seine Seel' geriet in Brand
Er wollt nur fort – *irgendwohin*

Am Flugplatz hielt er endlich an
Sollt er jetzt fliegen ganz weit weg
Er war gefahren stundenlang
Und mancher Traum hält ewig an
Wirft man so schnell sein Leben weg

Er nahm sein Geld und zählte es
Es würde reichen – *einmal hin*
Da blieb nichts übrig, nicht ein Rest
Was, wenn man alles jetzt verlässt
Sein Herz schlug schnell tief in ihm drin

Und er stieg aus, lief schnell davon,
blieb stehen, blickte kurz zurück
Sein Taxi, seine Frau, sein Sohn
Er war zu weit entfernt wohl schon
Lag vor ihm nun der Traum, sein Glück

Da sank er nieder – *weinte, schrie*
Jedoch ansonsten blieb es still
Was sollt nur werden – *was und wie*
Er war gesunken auf die Knie
Und längst verblasst sein großes Ziel

Die Hände schmutzig, auch die Knie
Ganz langsam stand er wieder auf
Warum jetzt hoffen – *was und wie*
Es wird schon gehen – *irgendwie*
Der große Traum Er pfiff darauf

Er setzte sich ins Auto schnell
und fuhr zurück in seine Stadt
Der Horizont ward langsam hell
Von irgendwo drang Hundgebell
Dort, wo er sein Zuhause hat

Und eh der Morgen da begann,
saß er daheim am Frühstückstisch
Die Frau starrt´ ihn sehr lange an
„Hast Du geträumt, mein lieber Mann"
Er hat die Tränen schnell verwischt

Und nahm den Sohn in seinen Arm
Die Zeit verging ein kleines Stück
In seinem Herz war´s wohlig warm
Mit Frau und Sohn in seinem Arm
fand er zurück zu seinem Glück

An manchem Tag, in mancher Nacht,
da fuhr er Taxi, auch mit Spaß
Er hat sich nicht davongemacht
Und mancher Traum verging ganz sacht
Und mancher Asphalt glänzte nass

Der Schauspieler

Er hatte einfach nur gelacht
Der Schauspieler im letzten Akt
Er sah uns an und hat gelacht
Woran nur hatte er gedacht
Der Schauspieler im letzten Akt

Er spielte so unsagbar gut
Der Schauspieler gab alles hin
Er weinte auch und zeigte Wut
Ging es ihm wirklich immer gut
Der Schauspieler gab sich nur hin

Am Ende ging der Vorhang zu
Der Schauspieler schminkte sich ab
Er wollte jetzt nur seine Ruh
Der Vorhang ging für heute zu
Es war ein wirklich guter Tag

Dann ging er heim, tief in der Nacht
Die Frau, die Kinder schliefen schon
Ein Kuss für alle, nur ganz sacht
Denn es war still und es war Nacht,
fernab vom Bühnenmikrofon

Und als er träumte, selbst sich sah,
da spürte er auch Einsamkeit
Wer er im Spiel auch immer war,
er blieb allein dort, unnahbar
Und Frau und Leben schienen weit

Er brauchte den Theaterschein
Die Kinder hatten ihn vermisst
Er wollte jemand anders sein
Ein Leben zwischen Schein und Sein
Er hatt` die Frau nur sacht´ geküsst

Am nächsten Morgen gegen Acht
ging er zur Probe für sein Stück
Er hat „Adieu" nur leis gesagt
Ging ins Theater gegen Acht
Denn dort, nur dort fand er sein Glück

Er hatte wieder gut gespielt
Der Schauspieler im letzten Akt
Ob er sich wirklich wohl gefühlt
Wer weiß das schon – *er hat gespielt*
Ein Schauspieler im letzten Akt

Eine Weihnachtsgeschichte

Ein Weihnachtsabend gegen 3
Das junge Paar sitzt unterm Baum
Ein kleines Kind ist auch dabei
Es ist an Weihnacht gegen 3
Was für ein schöner Weihnachtstraum

Gleich gibt's Geschenke reichlich, satt
Das Kind, gespannt, ist voll von Glück
Der Weihnachtsmann kommt in die Stadt
Und bringt Geschenke, reichlich, satt
Und Papa kennt den Weihnachtstrick

Er geht hinaus und lächelt leis
Und sagt noch schnell: „*Gleich ist´s soweit*"
Die Spannung steigt, dem Kind wird's heiß
Der Papa lächelt nur ganz leis
Und so vergeht die Stund, die Zeit

Die Mutter nimmt das Kind zu sich
Und streichelt sacht ihm übers Haar
„*Wo bleibt der Papa*", fragt sie sich
Und nimmt das Kind ganz sacht zu sich
Der Weihnachtsmann ist noch nicht da

Der Abend geht, längst schläft das Kind
Es hat nach Papa kurz gefragt
Vorm Hause streicht ein eisig´ Wind
Die Mutter bracht ins Bett das Kind
Und hofft am Fenster voller Klag

Wo bleibt der Papa, wo der Mann
Warum in dieser Weihnachtsnacht
Lang schaut im Spiegel sie sich an
Wo bleibt nur unser Weihnachtsmann
Hat der sich aus dem Staub gemacht

Am nächsten Morgen klingelts früh
Zwei Polizisten stehn vorm Haus
Sie stelln sich vor und fragen sie
Für manche Nachricht ist´s zu früh
So sieht kein Weihnachtsmorgen aus

Man fand den Wagen irgendwo,
Zerschellt an einer Häuserwand
Da war das Glatteis, einfach so,
In einer Straße, irgendwo
Den Toten man erst morgens fand

Die Polizisten gehen schnell
Nach Haus, wo Weihnachtsmusik singt
An jenem Morgen wird´s nicht hell
Und mancher Tod kommt eben schnell
Manch´ Papa nie Geschenke bringt

Das Kind erwacht so gegen 10
Und fragt nach seinem Papa bald
Die Mutter bleibt im Zimmer stehn
Es ist an Weihnacht, früh um 10
Und in der Wohnung ist´s so kalt

Sie nimmt das Kind in ihren Arm
Und drückt es fest ans Mutterherz
„Wolln wir zum Weihnachtsmann jetzt fahrn"
Sie hält das Kind ganz fest im Arm
Und schluckt hinunter ihren Schmerz

Und alle Fragen bleiben fort
Es gibt auch keine Fragen mehr
Wo gestern noch ein schöner Ort,
Bleibt aller Weihnachtszauber fort
Der Weihnachtsmann kommt nimmer mehr

Sie steigt ins Auto mit dem Kind
„Komm lass nach Papa uns jetzt schaun"
Es weht nur eisig kalt ein Wind
Sie fährt davon mit ihrem Kind
Auch draußen steht manch´ Weihnachtsbaum

Man sieht sie rasen übers Land
Es fällt der Schnee so weiß und dicht
Sie nimmt das Kind fest an die Hand
Es ist doch Weihnachten im Land
Die nächste Kurve sieht sie nicht

Dann ward es still – *kein Schnee, kein Wind*
Nur einsam steht ein Weihnachtsbaum
Sie stieg ins Auto mit dem Kind
Und wollt zum Weihnachtsmann geschwind
Nur einmal noch den Weihnachtstraum

Und irgendwo zur Weihnachtszeit,
Da wartet manches Kind verzückt
Auf Papa mit dem Weihnachtskleid
Am Himmel hoch zur Weihnachtszeit
Da sind drei Sterne voll von Glück

Am Straßenrand

Ein dunkles Kreuz am Straßenrand
Ich fahr vorbei, es regnet leicht
Die Dämmerung zieht übers Land
Ein mahnend' Kreuz am Straßenrand
Der Weg ist schmal, und ziemlich seicht

Ich halte an und steige aus
Kein Mensch, kein Auto fährt vorbei
Vorm Kreuze wacht 'ne Stofftiermaus
Ansonsten sieht's recht einsam aus
Ein Wind weht welkes Laub herbei

Ich lese jene Worte dort
Man ritzte sie ins Holze ein
Was für ein schicksalhafter Ort
Der Regen wischt manch' Träne fort
Wer mochte wohl der Junge sein

Er war so achtzehn Jahre jung,
und hatte sicher manchen Traum
In jener Kurve mit viel Schwung
blieb er nur achtzehn Jahre jung
Blieb er zurück am Straßensaum

Ich streiche übers Kreuz ganz sacht
Es ist vom Regen nass und rau
Die Uhr zeigt abends gegen acht
Sehr lange hab ich nachgedacht
Aus seinem Tod werd ich nicht schlau

Als ich zurück zum Auto geh,
glaub ich, es winkt mir jemand zu
Noch einmal ich zum Kreuze seh
Und wieder tut's im Herzen weh
Und überall ists trüb, ist Ruh

Ein kleines Kreuz am Straßenrand
Ich fahr davon, es regnet stark
Ich hab den Jungen nicht gekannt
Nur blieb sein Kreuz am Straßenrand
Ich hatte eine gute Fahrt

Am Grab

Was fängt man an allein
Allein
Wenn keiner da ist, den man liebt
Lässt man den Tag, das Leben sein
Was wird nur, wenn man ganz allein
Wenn man den Horizont nicht sieht

Die Menschen kommen
Gehen fort
Ja, man gewöhnt an sie sich schnell
Sie spenden Trost und manch ein Wort
Sie sind lang da
Sie gehen fort
Ein Spatz im Baum singt froh und hell

So vieles geht mir durch den Sinn
Wo werd ich sein
Wenn ich allein
Was, wenn ich ewig traurig bin
Wenn tränenschwer ertrinkt mein Sinn
Kann dann mein Herz noch fröhlich sein

Was fang ich an – allein
Allein
Am Grabstein knie ich bis zur Nacht
Lass ich den Tag, mein Leben sein
Wie geht es weiter
So allein
Nur dieser Spatz im Baume wacht

Clown

Lang sieht er sich im Spiegel an
Sein Clownsgesicht – *es lacht sogar*
Was für ein lustig froher Mann
So sieht er sich im Spiegel an
Ein Clown, der immer lachen kann
Ein wirklich echter großer Star

Doch wenn die Lichter längst schon aus
Wenn er allein und einsam ist
Geht traurig er den Weg nach Haus
Dann sieht er nicht mehr lustig aus
Dann spricht er nur mit einer Maus
Weil die ihn wirklich nie vergisst

Er ist ein Clown, den gern man sieht
Er ist so bunt, das liebt man sehr
Doch keiner weiß, was sonst geschieht
Wenn man ihn einmal nicht mehr sieht
Wenn nachts er durch die Straßen zieht
Wenn ihm die Stunden ziemlich schwer

Dann schaut er sich im Spiegel an
Dann schminkt er sich die Farben ab
Sonst scheint er wohl ein froher Mann
Dort auf der Bühne, wo er´s kann
Ein Clown, der immer lacht sodann
Der Mensch ist, der auch Sorgen hat

Wenn dann die Vorstellung beginnt
Dann sind die Tränen lange fort
Wenn er vor all den Kindern singt
Wenn er dann lacht und hopst und spinnt
Dann ist das Leben bunt geschminkt
Man hört sein lustig-traurig Wort

Die Abhängige

Ich treff sie dort, wo alles leer
In jener Bronx, am Rand der Zeit
Das Lachen fällt ihr schwer, so schwer
Und machen Traum, den gibt's nicht mehr
So manche Hoffnung scheint so weit

Die Spritze in der rechten Hand
Den Stoff fest in der linken Faust
Ansonsten total abgebrannt
So lehnt sie weinend an der Wand
Ein Dealer um die Ecke saust

Ich frage sie, wie's sonst noch steht
Ist sie alleine oder nicht
Sie sagt, ihr Leben sei verdreht
Für Kind und Mann sei's längst zu spät
Nur manchmal Sex
Jenseits vom Licht

Für zwanzig Dollar irgendwo
Dann reicht's auch für den nächsten Schuss
Sie meint, ihr Leben sei halt so
Für wenig Geld ins Nirgendwo
So sollt es sein wohl bis zum Schluss

Der Regen wäscht die Stufen ab
Auf welche sie ganz plötzlich sinkt
Ich will ihr helfen
Sie winkt ab
Ein kalter Stein, einsames Grab
Hier, wo es nur nach Abfall stinkt

Sie schließt die Augen sanft und lieb
Wie manches Kind, das schlafen will
Was für ein Schicksal sie wohl trieb
An jenen Ort, wo's ewig trüb
Sie liegt nur da und schläft ganz still

Ich sitz bei ihr – der Mond scheint matt
Ich wein um sie
Doch sie ist fort
Man holt den Leichnam wortlos ab
Ob sie's im Himmel besser hat
Vielleicht ist's dort ein guter Ort

Es ist schon Nacht, so gegen 3
Ich fahre ins Hotel zurück
In jener Welt, wo alles frei
Hört niemand mehr den stummen Schrei
Den Drogentod, fernab vom Glück

Da spricht ein Pfarrer im TV
Und viele andre nicken brav
Man stellt die Armen dann zur Schau
Und spricht ansonsten klug und schlau
Und legt sich dann zum süßen Schlaf

Ich sah sie dort, wo alles schwer
In jener Bronx
Am Rand der Zeit
Die junge Frau gibt es nicht mehr
Sie starb ganz einsam, wortlos, leer
Es bleibt kaum Hoffnung
Nur noch Leid

Der Trinker

Irgendwo in jener Stadt
Dort, wo keiner Namen hat
Lebte er wohl irgendwie
Reichtum hatte er noch nie
Lebte er so in den Tag

Eines Tages gegen 10
Blieben alle Uhren stehn
Ja, man warf ihn einfach raus
Job und Arbeit – *alles aus*
Plötzlich ward die Welt nicht schön

Einsam saß er nun im Dreck
Irgendwo im Straßeneck
Nur der Alkohol war da
In der kleinen Hafenbar
Soff er sich die Sorgen weg

Trank ab jetzt tagein tagaus
So sah jetzt sein Leben aus
Alles sollt im Kreis sich drehn
Er konnt selbst sich nicht verstehn
Alkohol – *sein bester Schmaus*

Und die Sucht hielt ihn ganz fest
Er versoff den letzten Rest
Immer öfter fiel er um
Aller Traum blieb tot und stumm
Weil die Sucht nichts leben lässt

Irgendwann im Krankenhaus
Kam er aus dem Suff mal raus
Für sechs Wochen trocken, clean
Für sechs Wochen wieder Sinn
Wieder Mensch und keine Maus

Ja, er schwor sich klipp und klar:
Nie mehr saufen, wie's mal war
Wieder Arbeit, Lebenssinn
Doch der Wunsch schien schnell dahin
Und es nahte die Gefahr

Ach, er trank so viel, so viel
Ohne Halt und ohne Ziel
Bis sein Traum total zerbrach
Aus die Heimat, Haus und Dach
Und der Regen fiel und fiel

Irgendwann sah er ein Licht
Hörte, wie man zu ihm spricht:
Fürchte dich nicht, komm nur, komm
Ich bin hier und warte schon
Und er fürchtete sich nicht

Warf die Flasche weit von sich
Spürte Kraft im Angesicht
Lief und lief und war schon fort
Einsam blieb sein Heimat-Ort
Nein, die Sucht vergab ihm nicht

Irgendwo in jener Stadt
Dort, wo niemand Namen hat
Hat gelebt er irgendwann
Nein, er war kein reicher Mann
Und vom Baum fällt leis ein Blatt

Der Autist

Er war noch jung, ein Junge noch
Und doch so fremd von dieser Welt
Er schien recht glücklich, immer noch
Und lebte nicht im dunklen Loch
Und war so sanft
Verstand, was zählt

Oft sagte man: *„Der ist verrückt*
Der tickt nicht richtig irgendwo"
Manchmal schien er der Welt entrückt
Man sagte: *„Ach, der ist verrückt*
Der merkt doch nichts, wird niemals froh"

Doch seine Mutter liebte ihn
Auch, wenn er anders war und schwieg
Für sie war er der Lebenssinn
Vielleicht sogar der Hauptgewinn
Er hatte alle Menschen lieb

Denn wenn er lachte, fröhlich war,
Dann schien die Welt, das Glück perfekt
Dann schien fast alles sonnenklar
Und nichts blieb mehr so wie's sonst war
Er war doch klug und aufgeweckt

Jedoch verging die Zeit, die Zeit
Er hat gespürt, man wollt ihn nicht
Er wusste um der Mutter Leid
Da lief er fort, so weit, so weit
Ein sanftes Lächeln im Gesicht

Der Mutter hat er nichts gesagt
Er lief und lief bis an das Meer
Nie hatte er geflucht, geklagt
Und auch der Mutter nichts gesagt
Das Meeresrauschen, ach so schwer

Noch einmal schaute er sich um
Da war niemand am kahlen Strand
Er war ein Junge noch, so jung
Vielleicht verrückt, doch niemals dumm,
Als er vor Gott so einsam stand

Ganz plötzlich rief jemand nach ihm
Dort draußen auf dem weiten Meer
Wer war das nur – wo lag der Sinn
Er lief ins Wasser einfach hin
Man sah ihn später nimmermehr

„Komm heim, komm heim, du liebes Kind.
Bei mir hier bist Du nie allein.
Dort, wo die Kinder Engel sind,
Wach ich bei Dir, mein liebes Kind.
Komm lass und jetzt zusammen sein"

Die Welt dort draußen war zu kalt
Er wollte nicht mehr draußen sein
Die Tür, die offen einen Spalt,
War plötzlich einfach zugeknallt
In seiner Welt blieb er allein

Er war so jung, ein Junge noch
Nur seine Spur blieb da im Sand
Und leise summt am Strand der Wind
Die Mutter weinte um ihr Kind,
Denn es ergriff wohl Gottes Hand

Für Locke *[Gestorben an Leberzirrhose]*

Die Sonne strahlt und wärmt die Stadt
Dort ist es, wo man alles hat
Doch hinterm Park, im Brückenschacht
Ist meistens Armut
Meistens Nacht

Er zieht seit vielen Jahren um
Er war mal was
Er ist nicht dumm
Der Alkohol wärmt Sorgen fort
Und Ängste auch
Und manches Wort

Im Wohnungsamt lehnt man ihn ab
Ein Säufer, der so gar nichts hat
Man will ihn nicht
Man schickt ihn fort
Und wieder zieht er durch den Ort

Die Straße ward zur Heimat ihm
Sein Leben aber: *ohne Sinn*
Einst wollt' er mal so hoch hinaus
Am Ende blieb das Hinterhaus

Seit Tagen streikt die Leber sehr
Die Freundin weint
Es ist so schwer
Er bricht zusammen irgendwo
Er kann nicht mehr
Das ist wohl so

Von seinen Träumen blieb nicht viel
Kein Platz zum Leben
Und kein Ziel
Im Winter fror er sich bald tot
Es wärmte ihn nur Schnaps
Sein Brot

Gestorben ist er irgendwann
Im Krankenhaus
Als armer Mann
Er hat gehofft, geweint, gelacht
In seinem Heim
Im Brückenschacht

Die Sonne scheint auf diese Stadt
Scheint warm und ruhig auf sein Grab
So einsam ist's am Brückenschacht
Der Wind ist kalt
In jeder Nacht

Eine Frau

Wiedermal den Weg zum Amte
Stolpert sie so gegen 6
Noch ist sie die
Unbekannte
Stolpert schnell den Weg zum Amte
Das liegt vor ihr links
Dann rechts

Brötchen, Kaffee, diesen lauen
Ein Gespräch kurz auf dem Gang
In die Unterlagen schauen
Wie viel werden sich heut trauen
Und die Zeit scheint ewig lang

Auf dem Stuhl, dem harten, kalten
Nimmt sie Platz, schaut hin- und her
Menschen muss sie hier verwalten
Jenen Tag mit Sinn gestalten
Und manch Schicksal wiegt so schwer

Schon kommt rein der erste Kunde
Der sucht Arbeit
Oder nicht
Ziellos starrt er in die Runde
In der Seel klafft ihm 'ne Wunde
Angst sitzt tief ihm im Gesicht

Wut und Hoffnung muss sie kennen
Manchmal Härte auch
Und Mut
Nein, es bleibt kaum Zeit zum Flennen
Manchmal nachts ist Zeit zum Pennen
Oftmals glüht noch *Arbeitswut*

Ja, sie weiß, man liebt sie selten
An dem Ort, wo gar nichts gleich
Jenes Amt der tausend Welten
Wo manch' Regeln kaum noch gelten
Hier wird niemand wirklich reich

Wenn die Kunden dann gegangen
Ordnet sie den Aktenberg
Hier, wo manches unverstanden
Wo sich niemals Menschen fanden
Schaut sie plötzlich recht verklärt

Packt die Tasche und hält inne
Ob sich das mal ändern wird
An der Decke eine Spinne
Leis tropft Regen aus der Rinne
Alles scheint total verkehrt

Sollt sie wirklich einsam bleiben
Haus und Auto
All dies Zeug
Kommen auch mal bessre Zeiten
Ohne Klar- und Ebenheiten
Ohne künstlich-glatter Freud

Doch dann wischt sie sich die Augen
Aus der Haut kommt sie nicht raus
Dieser Traum vom Meer, dem blauen
Schon versunken
Kaum zu glauben
Und sie trinkt den Kaffee aus

Stumm nimmt sie vom Eisenhaken
Ihren Mantel
Ihren Schal
Zwischen Mondlicht, Mücken, Schnaken
Wird sie durch den Regen waten
Morgen früh
Und wiedermal

Die Wärterin [*Einschluss*]

Im Spiegel sieht sie ihr Gesicht
Im Knast-Büro am Rand der Zeit
Es ist nicht hell – Gefängnislicht
Die anderen verstehn sie nicht
Die Freiheit nah
Und doch so weit

Gleich Einschluss und dann muss sie raus
Die Häftlingsfrauen wollen viel
Hier drin in diesem engen Haus
Sieht Vieles so viel anders aus
So manches dort ist ernst, nicht Spiel

All ihre Sorgen sind nicht da
All das verbirgt sie gut und schlecht
Hier drin im Knast scheint vieles klar
Für andere ist sie wohl Star
Sie ist es nicht
Sie ist nur echt

Sehr streng scheint sie – ihr Ton recht hart
Unmissverständlich, was sie will
Und draußen wird sie auch nicht zart
Ein Wechsel zwischen hart und smart
Und manchmal wird sie ziemlich still

Ist Haar – ganz kurz
Und auch schon grau
So viele Sorgen sieht sie oft
Vielleicht ist sie ´ne starke Frau
Man hört auf sie
Sie ist genau
Bis an die Seel die Sehnsucht klopft

Und wenn sie weint, dann sieht man´s nicht
Im Knast sind Tränen sehr verpönt
Gleich Einschluss, das verpasst sie nicht
Im seltsam müden Knast-Flur-Licht
So Vieles klar
Und nichts geschönt

Noch schaut sie in den Spiegel
Schweigt
Ist dieser Knast schon ihr Zuhaus´
Da ist nicht viel, was da noch bleibt
Ein klares Leben
Sie ist frei
Gleich *Einschluss*
Und sie muss jetzt raus

Die Hafenbar

Mir ging es schlecht, der Kopf wog schwer
So lief ich in der Stadt umher
Fand gleich am Hafen diese Bar,
die ganz aus Holz, gemütlich war

Am Tresen stand ´ne kleine Frau,
mit süßem Lächeln, Augen blau
Sie fragte mich, was mit mir sei,
und lud mich ein – *ganz frank und frei*

Ich setzte mich bei einem Bier
Die Barfrau setzte sich zu mir
Sie war so warmherzig, so lieb
Ihr Blick so manch´ Geschichte schrieb

Beim zweiten Bier erzählte ich
von meinen Sorgen, anschaulich
Von all dem Dreck um mich herum
Von meinem Leben, das so krumm

Sie hörte zu, hielt meine Hand
Sie meinte, dass sie mich verstand
Mir wurde da so Vieles klar
In jener kleinen Hafenbar

Sie sprach: *„Schau stets nach vorn zum Ziel*
Der andre Mist zählt nicht mehr viel
Dort vorn nur liegt der neue Tag
Geh weiter, denn du bist sehr stark"

Sie gab mir einen grünen Stein
Er sollt die Hoffnung für mich sein
Ich hielt ihn fest, er war so kühl
Und plötzlich sah ich jenes Ziel

Schnell wollt ich zahlen, wollte gehn
Die Frau doch wollt mein Geld nicht sehn
Sie winkte ab und wünschte mir
ein bisschen Glück, auch ohne Bier

Ich fühlte mich recht gut, recht stark
Und lachte wieder in den Tag
Mein Leben schien mir wieder leicht
Mein Schritt war kraftvoll, gar nicht weich

Am nächsten Tag, früh gegen 8
hab ich zur Bar mich aufgemacht
Wollt mich bedanken für den Stein,
bei jener Barfrau, die so klein

Doch als am Hafen ich dann stand,
die Bar ich nirgends wiederfand
Das Haus, wo gestern noch die Bar,
eine Ruine nur noch war

Ich fragte Leute auf der Straß:
„Wo ist die Bar -Zum dunklen Fass-"
Ein alter Mann erklärte leis,
dass er von diesem Hause weiß:

„Die Bar, die einst gestanden stolz,
die brannte ab, weil sie aus Holz
Und jene Barfrau starb dabei
Vor zwanzig Jahren war´s vorbei"

Recht schweigsam schaute ich aufs Meer
Ich wünscht mir jene Barfrau her
Und wie aus einer andren Zeit
hört ich sie singen, so befreit:

„Schau stets nach vorn, zu deinem Ziel
Der andre Mist zählt nicht mehr viel
Den Stein halt fest in Hand und Herz
Leb wohl und sieh mal himmelwärts"

Gegensatz

Am Straßenend´ der dunklen Stadt
Da lebte sie, so ziemlich schlecht
Da, wo kein Name Namen hat
War sie in Not
In jener Stadt
Sie schaffte an – mehr schlecht als recht

Das Geld zu knapp, die Sorgen groß
Manch´ Wünsche lange nicht mehr da
So viele küssten ihren Schoß
Oft dachte sie: *„Was mach ich bloß"*
Und es geschah, was da geschah

Am *andern* Ende jener Stadt
In einem Festsaal riesig, schön
Saß die Ministerin am Tisch
Es gab viel Schampus, Creme und Fisch
Wild wollt sie sich im Tanze drehn

Weit alle Sorgen, weit die Not
Sie hatte Geld und Macht und Freud
Nie war da Angst ums *Täglich-Brot*
Und ihre Lippen glänzten rot
Ach, aller Ärger lag so weit

Doch plötzlich ward es schwindlig ihr
Sie stürzte, fiel und lag so da
Es war des Nachmittags, nach 4
Da ward es plötzlich übel ihr
Man brachte sie ins Krankenhaus

Auch jene Vorstadt-Lady fiel
Ihr ging′s so schlecht wie selten mal
Ihr Freier floh, ganz ohne Stil
Er zahlte nicht
Es war nicht viel
Ihr ging′s nicht gut – was für ′ne Qual

So lagen beide Frauen dann
Im Krankenhaus nur Wand an Wand
So dicht an dicht und nebenan
Warn sie sich ziemlich nah sodann
Die eine bald zur andern fand

In jener Nacht, der Mond stand hoch
Da schlichen heimlich sie sich raus
Ein Mondlicht übern Parke kroch
Die beiden Frauen
Kränklich noch
Sie trafen sich im Park am Haus

Zwei Blicke musterten den Ort
Zwei Welten in der Dunkelheit
Noch fiel kein Satz
Noch fiel kein Wort
Zwei Frauen zwischen *Hier* und *Dort*
Und alles Schicksal schien so weit

Sympathisch fanden sie sich bald
Sie sprachen über dies und das
Zwar war die Dunkelheit recht kalt
Doch fühlten sie sich jung, nicht alt
Hier draußen zwischen Nacht und Spaß

Wenn auch die Unterschiede stark
Warn sie da draußen ziemlich gleich
Sie fühlten sich so leicht und stark
In jenem kleinen Schicksals-Park
Dort zählte weder Arm
Noch Reich

Todmüde schlichen sie zurück
In ihre Zimmer, ihre Welt
Für kurze Zeit ein wenig Glück
Vom Leben auch ein kleines Stück
Ein wenig Menschsein, das noch zählt

Nach einem Jahr
Zur gleichen Stund
Sahn sich die Frauen irgendwo
Sie schienen leicht und auch gesund
Geändert war längst Job, Mann, Hund
Fürs neue Leben
Einfach so

Gemeinsam wanderten sie aus
Ins ferne Land
Wo´s warm und blau
Vorbei manch´ Armut,
Saus und Braus
Sie bauten sich ein Ranger-Haus
Die eine und die andere Frau

Watt

Er ging ins weite Watt hinaus
Der Mond verklärte seinen Blick
Die Nebel zogen um sein Haus
Er wollt nur in das Watt hinaus
Er war so fern, soweit vom Glück

Noch kam die Flut nicht und er lief
Schon sank er ein in den Morast
So vieles ging im Leben schief,
als niemand seinen Namen rief
Er hatte manche Chance verpasst

Die Uhr schlug Mitternacht sodann
Da gab´s kein Mensch, der ihn so sah
Einst war er wohl ein froher Mann,
der mal verlor und mal gewann,
der immer zuverlässig war

Und er lief weiter, immerfort,
ins weite Watt, wo´s düster ist
An jenem unheilvollen Ort,
da zog er hin, da zog er fort
Ihn hatte wohl niemand vermisst

Es schwammen Wolken vor den Mond
Ein Regen fiel und Kälte zog
Dort, wo vielleicht manch Unhold thront,
wer fragt danach, was sich noch lohnt
So mancher schreit im Todes-Sog

Die Einsamkeit fror übers Watt
Am Horizont das weite Meer
Er hatte alles Leben satt
Und ging hinaus ins kalte Watt
Nein, es erfreute ihn nichts mehr

Verwaschen seine Spur im Schlick
Das Wasser stieg, die Flut kam schnell
Da blieb nicht viel vom Wunsch nach Glück
Vielleicht ein Rest der Spur im Schlick
Und dunkel war's, und gar nicht hell

Die Wogen schlugen laut zusamm
Dort, wo er lief, das weite Meer
Und leis, von fern, ein Trauersang
Wohl kam er längst im Jenseits an
Sein altes Haus am Strand ist leer

Der Fremde

Als ich ihn sah, so grau sein Haar,
schien er mir nah, auch ohne Wort
Genau wie er auch ich mal war,
mit feinem Hemd an gutem Ort

Er ging im Anzug, sehr korrekt
Auch ich hab teuren Zwirn im Schrank
Doch hab ich Ängste mir versteckt
Doch fühl ich mich so schwach, so krank

Hab mich im Dunkel oft gesehnt
nach Ruhm, Erfolg und Glück und Sinn
Was heute keiner mehr versteht,
ich sehnte mich sehr gern dorthin

Er ging vorbei mit Stolz im Blick
Vielleicht war er ein Gotteskind
Doch er entschwand bald, Stück um Stück,
im Menschenmeer, wo jeder blind

Als ich ihn sah, sah ich auch mich
Ein Spiegelbild, so ohnmächtig
Im Spiel des Lebens lediglich
blieb drüben er und jenseits ich

Der Fremde kennt mich nimmermehr
Ein Wind verweht den Straßenstaub
Vielleicht ist alles gar nicht schwer
Ein Fremder nur schien mir vertraut

Gedanken

Der Regen rieselt durch die Äste
Wart auf dem Friedhof ganz allein
Gedanken um des Lebens Reste
Stelln kühl in meinem Kopf sich ein

Hier ist's so ruhig, endlose Stille
Nur Regen fällt auf manches Grab
So endgültig
Ein letzter Wille
Hier, wo man nichts zu sagen wagt

Da giert und jagt man durch die Zeiten
Da jammert man und will noch mehr
Und spürt nicht, wie die Jahr' enteilen
Wie alt man wird und schwach und leer

Die Jugend ist nicht festzuhalten
Der Reichtum nicht und nicht das Gut
Nichts ist auf ewig aufzuhalten,
Weil irgendwann erstarrt das Blut

So will ich Einhalt mir gebieten
Denn viel zu schnell komm ich hierher
Sollt wieder neu mein Leben lieben
Sollt Lieder singen
Und noch mehr

Der Regen rieselt durchs Geäste
Und dunkel wird's im Friedhofshain
Was tu ich mit des Lebens Reste
Schlag hoch den Kragen und geh heim

Ohne Titel

Hör nur ja nicht auf zu träumen
Wenn du auch nicht träumen kannst
Heul dich nicht zu fernen Räumen
Lerne wieder neu zu träumen
Träume jetzt
Besieg die Angst

Hör nur ja nicht auf zu hoffen
Wenn du auch nicht hoffen kannst
Ach, so manche Chance ist offen
Lerne wieder neu zu hoffen
Wenn du auch sehr oft noch bangst

Hör nur ja nicht auf zu leben
Weil du noch nicht sterben willst
Darfst nicht an manch´ Altem kleben
Lerne endlich neu zu leben
Weil im Herz du noch was fühlst

Schwarze Welt

Schwarz erscheint mir diese Welt
Alles kurz vorm Untergang
Nichts, was sie zusammenhält
Ach, es zählt nur Macht und Geld
Alles wirkt so bleich und krank

Kriege drohen überall
Weil der Hass, die Wut zu stark
Warten auf den großen Knall
Warten auf den freien Fall
Warten auf den letzten Sarg

Wer noch lebt ist bald schon krank
Allerletzte Pandemie
Wo manch´ Urtier einst versank
Liegt auch heut das Leben blank
Gibt es noch ein morgen früh

Doch die Menschen sind recht zäh
Geben sich so schnell nicht auf
Sterben nicht mit Ach und Weh
Liegen nicht im letzten Tee
Nehmen manchen Schlag in Kauf

Kämpfen sich aus allem Dreck
Bauen neu und sehr stabil
Wischen Nebelwände weg
Finden einen guten Zweck
Halten von der Welt noch viel

Dann verweht das Kriegsgeschrei
Und für Geld gibt's keinen Tod
Dann geht Hass und Wut vorbei
Alle Welt erschafft sich neu
Und der Mensch erwacht
Im Morgenrot

Keine Heimat

Dies Land zerbricht im Nirgendwo
Im Drogenrausch zerfällt es schon
Es geht nicht weiter
Sowieso
Das Volk ist lahm
Es ist nicht froh
Geduld und Hoffnung scheint wie Hohn

Dies Land zerbricht ganz laut und leis
Demokratie gibt's lang nicht mehr
Man hilft manch´ Fremden
Jedem Scheiß
Das Volk vergeht ganz laut
Und leis
Dies Land scheint mir so hohl und leer

Die Staatsfrau hält die Hand verschränkt
Sie sieht nichts mehr
Sie ist nur taub
Sie hat dies Land ins Nichts gelenkt
Sie hat das Volk längst fortgedrängt
Mit Korruption das Amt verbaut

Die Menschen wollen leben doch
In diesem Land
In dieser Welt
Doch klafft im Land ein tiefes Loch
Es ist geteilt
Es hält wohl noch
Jedoch regiert längst Hass und Geld

Manch´ Dummheit wird durchs Dorf gehetzt
Der Dreck quillt hoch
Der Mob regiert
So manche Seele ward verletzt
Weil man da oben nur noch schwätzt
Schon bald das Land an Geist verliert

Dies Land vergeht
Das hört nicht auf
Es bricht und stockt und gärt
Und ächzt
Ich fliehe bald
Im Dauerlauf
Und Heimat
Ach, ich pfeife drauf
Das Land ist fort
Das Volk verhetzt

Ein einfaches Märchen

Paul ist -nur- ein Arbeitnehmer
Doch er macht die Arbeit gut
Paul aus Erfurt, kein Gewinner
Paul, ein Ossi, doch kein Spinner
In ihm brennt -noch- Arbeitswut

Doch er ist so um die „50"
Und er spürt, man will ihn nicht
Plötzlich fühlt er sich so winzig
Seine Zeit scheint nicht sehr günstig
Arg vibriert sein Lebenslicht

Und so kommt es wie er wusste
Ziemlich flott wirft man ihn raus
Schmerz spürt er in seiner Bruste
Er tat das, was jedem nutzte
Jetzt ist Schluss
Jetzt ist es aus

Seine Wut wächst unermesslich!
Ossi, 50 – wirklich tot?
Seine Seele, so verletzlich!
Seine Zukunft – unerträglich!
Und so sieht er nur noch rot!

Wie dem Paul ergeht es vielen
Alter, Ossi – das geht nicht
Zwischen Hoffnung, Wünschen, Spielen
Wächst der Drang nach neuen Zielen
Wächst der Hass auf manch´ Gesicht

Und man trifft sich auf der Straße
Einfach schreien, was nicht geht
In den Städten wächst die Rage
Fort, nur fort mit aller Phrase
Weil das Glück vom Wind verweht

Ja, es sind schon ziemlich viele
Die am End' mit der Geduld
Wieder Hoffnung, Wünsche, Spiele
Wieder Jobs
Ganz neue Ziele
Wieder Leben – ohne Schuld

Und der Wind fegt über Wege
Paul ist tot – und lebt doch gut
Auch das Land scheint nicht mehr träge
Es bewegt sich – gerad und schräge
Schnell pulsiert manch' frisches Blut

Niemals – Land

Hass in manch′ TV-Stationen
Für viel Geld gibt′s Fake-News satt
Für manch′ Heuchler kann sich′s lohnen
Ehrlichkeit sollt′ keiner schonen
Nur das Volk ist schwach und matt

Böse alle Populisten
Wer laut hustet, wird verflucht
Und man schimpft auf Exorzisten
Unbehelligt Terroristen
Die man kennt
Doch niemals sucht

Wie im tiefsten Mittelalter
Wird die Chefin hoch gelobt
Zu korrupt wohl für ihr Alter
Klebt sie fest am Thorn
Am „Schalter"
Bringt ihr Land in höchste Not

Starr und steif die Speichellecker
Geld und Macht wohl deren Glück
Und im Land gibt′s nur Geklecker
Kraftvoll geht′s nicht
Nur Gemecker
Volkes Wut steigt Stück um Stück

Doch die Chefin will nichts hören
Denn sie steckt nicht gerne ein
Niemals lässt sie sich bekehren
Weil sie dumm ist
Ohne Lehren
Ist sie selbst Faschist, ein Schwein?

Das Vertrauen längst verjubelt
Weil sie wütet ohne Scham
Und das Land – es eiert, trudelt
Aller Ruf ist lang besudelt
Und das Volk vergeht im Gram

Manch´ Verräter fällt nach -oben-
Wenn er auch so dumm wie Stroh
Wenn er auch zu viel gelogen
Wenn er auch zu viel geschoben
Von der Chefin gibt´s satt Lob

Auf der rechten Straßenseite
Geht man nicht in Niemals – Land
So manch´ Messerstecher – Leute
Jubeln laut in höchster Freude
Weil -die- einen hohen Stand

Alle Fremden soll man lieben
Wer´s nicht will, ist Populist
Hysterie wird großgeschrieben
Dummheit wird durchs Dorf getrieben
Niemals – Land erstickt im Mist

Man hört ab die Telefone
Man hört ab den eignen Dreck
Und man schützt die schwarze Krone
Niemals – Land, ein Land voll Hohne
Ganz umsonst sucht man Respekt

Langsam fällt das Land ins Dunkel
Vorwärts geht es lang nicht mehr
Und recht breit macht sich Gemunkel
Dass vorbei ist aller Funkel
Dass das Leben öd und leer

Alles Volk – schon lang beschissen
Lügen zieren Niemals – Land
Blindheit, Ignoranz laut grüßen
Nirgendwo mehr Blumen sprießen
Wunderland – längst abgebrannt

Und das Volk hat nichts zu sagen
Und das Volk muss schweigen still
Und es darf auch nichts mehr wagen
Und es darf auch nicht mehr klagen
Weil die Chefin das so will

Doch an einem nahen Tage
Ist sie alt und ohne Kraft
Ja, dann stellt sich wohl die Frage:
Wer wird Chefin vom Gestade
Wer bringt neuen Lebenssaft

Mein Kreuz

Mein Kreuz bleibt mir am Ende nur
Es ist aus Gold
Und ist so klein
Es ist nicht Zeit, nicht Tag
Nicht Uhr
Es ist ein kleines Kreuze nur
Ich liebe es
So soll es sein

So viele Tränen
So viel Glück
Und Mama sagte:
Hüte es
Das kleine Kreuz
Mein kleines Glück
Vom Leben, ach
Ein winzig' Stück
Mein Kreuz mich nie alleine lässt

Dies Kreuz bleibt mir so lang ich leb
Ich hab's von Mami
Lieb es sehr
Und wenn ich auch vom Wind verweht
Das Kreuz, es bleibt
Ist ewig, stet
Mit ihm ist's mir ums Herz nicht schwer

Ohne Titel

Hör nur ja nicht auf zu träumen
Wenn du auch nicht träumen kannst
Heul dich nicht zu fernen Räumen
Lerne wieder neu zu träumen
Träume jetzt
Besieg die Angst

Hör nur ja nicht auf zu hoffen
Wenn du auch nicht hoffen kannst
Ach, so manche Chance ist offen
Lerne wieder neu zu hoffen
Wenn du auch sehr oft noch bangst

Hör nur ja nicht auf zu leben
Weil du noch nicht sterben willst
Darfst nicht an manch´ Altem kleben
Lerne endlich neu zu leben
Weil im Herz du noch was fühlst